Golygwyd gan Anwen Pierce.

Daw mwyafrif y delweddau trwy garedigrwydd S4C a WRC. Diolch iddyn nhw am eu cymorth parod a'u cefnogaeth gyda datblygiad y llyfr hwn.
Gweddill y delweddau: © Shutterstock.

Cyhoeddwyd yn 2019 gan Ganolfan Peniarth, Prifysgol Cymru Y Drindod Dewi Sant.

Nodyn i'r athro

Beth yw Darllen Cilyddol neu Ddarllen Tîm?

Strategaeth i wella dealltwriaeth o ddarllen yw Darllen Cilyddol neu Ddarllen Tîm

- Mae'n arfogi dysgwyr gyda'r sgiliau angenrheidiol i hunanwella eu dealltwriaeth o destunau anghyfarwydd.

- Mae'n defnyddio natur gymdeithasol dysgu o fewn grŵp a gweithio fel tîm i gadarnhau hunanddealltwriaeth a dealltwriaeth eraill o'r testun.

- Bydd y dysgwyr yn gweithio fel tîm i ymarfer sgiliau cipddarllen a llithrddarllen, cwestiynu a hunanholi, gwneud casgliadau, a phennu pwysigrwydd yr wybodaeth.

- Byddant yn mabwysiadu rôl benodol o fewn y tîm a fydd yn hyrwyddo'r sgiliau uchod yn systematig. Mae 5 rôl o fewn y tîm: **Rhagfynegwr, Esboniwr, Cwestiynwr, Crynhowr, Arweinydd** (i lywio'r drafodaeth).

Cynnwys llyfrau Cyfres Cnoi Cil

- Mae'r 5 cerdyn yn egluro gofynion pob rôl ac yn enghreifftio'r math o iaith y dylid ei defnyddio wrth drafod gyda'r tîm a chyflawni'r rôl honno.

- Mae pob llyfr wedi ei rannu i bum thema, gyda thestun y themâu yn ymestyn dros ddwy dudalen. Gall pob thema fod yn destun un wers neu'n weithgaredd darllen wythnosol.

- Bydd eicon pob rôl yn ymddangos mewn man penodol o fewn y thema i ddynodi ble gellir annog trafodaeth i hyrwyddo'r sgiliau perthnasol.

Sut mae defnyddio'r pecyn a gweithredu'r strategaeth yn y dosbarth?

Gweithredir Darllen Cilyddol neu Ddarllen Tîm i greu system benodol i'r dull darllen dan arweiniad

- Efallai bydd angen ymarfer y sgiliau a'r strategaethau sy'n cael eu hyrwyddo drwy'r rolau mewn sesiynau dyddiol yn gyntaf, cyn ymgymryd â'r gwaith o ddarllen y llyfr.

- Pan mae'r dysgwyr yn deall y strategaethau, dewiswch y tîm a phennwch Rhagfynegwr, Esboniwr, Cwestiynwr a Chrynhowr. (Yr athro fydd yr Arweinydd wrth i'r drefn gael ei sefydlu yn yr ysgol. Fodd bynnag, wrth i'r dysgwyr ymgyfarwyddo ac aeddfedu gellir pennu dysgwr yn Arweinydd).

- Trafodwch yn gryno beth yw gofynion pob rôl gan egluro y bydd pawb yn cymryd rhan yn y drafodaeth wedi i ddeilydd y rôl gychwyn y drafodaeth. Esboniwch mai tîm ydy'r grŵp, ac mai cyfrifoldeb pob aelod ohono yw sicrhau ei fod ef ei hunan, yn ogystal ag aelodau eraill o'r tîm, yn deall y testun.

- Gall pob aelod ddarllen rhan o'r testun yn ei dro tra mae'r gweddill yn ei ddilyn. Dylid pwyllo ac annog trafodaeth pan welwch eicon y Rhagfynegwr, Esboniwr, Cwestiynwr, neu Grynhowr yn ymddangos ar y dudalen.

- Gall yr arweinydd sbarduno trafodaeth ehangach gan annog defnydd o sgiliau cymharu, aralleirio, creu delweddau, cydymdeimlo, gwneud cysylltiadau a chymharu gyda thestunau eraill pan fo hynny'n briodol.

- Mae cyfle ar ddiwedd y llyfr i annog dysgwyr i ymarfer eu sgiliau siarad a gwrando drwy "Dweud dy ddweud" a dwyn i gof rai o'r ffeithiau maent wedi eu dysgu ar ôl ei ddarllen.

Cynnwys

Y Rali

Wrth i mi edrych ar y cliwiau, rydw i'n meddwl bydd y testun yn sôn am...

Digwyddiad Rhyngwladol

Mae Rali Cymru GB yn un o brif ddigwyddiadau moduro'r DU ac yn rhan bwysig iawn o Bencampwriaeth Rali'r Byd. Mae'n ddigwyddiad rhyngwladol, sy'n ymestyn dros dri diwrnod ar ddiwedd mis Hydref. Mae gan y rali hon rai o gymalau ralïo gorau a mwyaf heriol y byd.

O Ben Draw Byd i Fforestydd Cymru

Erbyn hyn mae'r rali, oedd yn arfer cael ei chynnal yng Nghaerdydd ers y flwyddyn 2000, yn cael ei chynnal yng ngogledd a chanolbarth Cymru. Gwelir gyrwyr gorau'r byd yn sgrialu drwy goedwigoedd Eryri, Sir Ddinbych a chanolbarth Cymru gyda'r bwriad o gael eu coroni yn Bencampwr Gyrwyr y Byd. Daw rhai mor bell â Seland Newydd, Periw a'r Ariannin er mwyn cystadlu. Felly hefyd gwneuthurwyr y ceir maent yn ralïo ynddynt. Gobaith pob gwneuthurwr ydy mai eu car nhw fydd y gyrrwr llwyddiannus yn ei yrru.

Oes yna eiriau dieithr i chi neu oes yna ran sy'n ddryslyd?

Cymal yw'r enw am y rhan rhwng man cychwyn a gorffen y ras.

Pam Cymru?

Mae Cymru yn wlad ddelfrydol i gynnal Pencampwriaeth Rali GB gan fod yno fforestydd, mynyddoedd a golygfeydd godidog.

Mae'r gystadleuaeth yn gyfle i Gymru ddangos ei golygfeydd ysblennydd a'i thirwedd anhygoel i'r byd. Mae digwyddiad rhyngwladol o'r maint yma yn dod â busnes, twristiaeth, a llawer o fanteision masnachol eraill i'r wlad. Oherwydd hyn mae Llywodraeth Cymru yn rhoi arian i helpu ei chynnal.

Oes gan unrhyw un gwestiwn am yr hyn rydych wedi ei ddarllen?

Seremoni Agoriadol

Cynhelir seremoni agoriadol ar ddechrau penwythnos Rali Cymru GB. Mae'r seremoni yn cael ei chynnal mewn man ble mae llawer o bobl yn debygol o ddod i gefnogi. Bydd cyfle i gefnogwyr gwrdd â rhai o'r gyrwyr. Yn ystod y seremoni dim ond gyrru'r car dros ramp mae'r gyrwyr.

Erbyn hyn rydym yn gwybod bod...

Y Pentref Rali

Mae Pentref Rali yng Nglannau Dyfrdwy lle mae'r ceir yn cael eu paratoi a'u hatgyweirio mewn sesiwn fer yn y bore, ond maent yn cael sesiwn fwy gyda'r nos ar ôl bod yn ralïo drwy'r dydd. Bydd y ceir yn cael eu trin gan dîm o fecanics sy'n gallu newid gerbocsys ac ati mewn byr amser. Maent hefyd yn rhoi bariau egni a bananas ym mhoced y drws, rhag ofn bydd y gyrrwr, neu gyd-yrrwr y car, angen egni.

Defnyddiwch eich sgil o lithrddarllen i ddod o hyd i...

Llwybrau'r Rali

Cadw at y Gyfraith

Wrth i mi edrych ar y cliwiau, rydw i'n meddwl bydd y testun yn sôn am...

Gall llwybr y rali amrywio ychydig o flwyddyn i flwyddyn. Dewisir coedwigoedd Cymru ar gyfer prif gymalau'r rali ond mae'n rhaid i'r ceir deithio ar hyd ffyrdd i gyrraedd y cymalau. Wrth deithio ar y ffyrdd bydd rhaid i'r gyrwyr gadw at derfynau cyflymder ac fe gânt eu cosbi, fel unrhyw yrrwr arall, os byddant yn gyrru yn gynt na'r cyflymder hwnnw.

Tirwedd a Thywydd Delfrydol

Oes yna eiriau dieithr i chi neu oes yna ran sy'n ddryslyd?

Cyfoeth Naturiol Cymru sy'n gyfrifol am y rhan fwyaf o lwybrau Rali Cymru GB. Mae llwybrau graeanaidd coedwigoedd Cymru yn heriol iawn i'r gyrwyr gan eu bod yn droellog. Gallant fod yn wlyb ac yn llithrig, neu'n beryglus oherwydd rhew ac eira'r adeg hynny o'r flwyddyn, a gall niwl hefyd fod yn broblem.

Weithiau maent yn mynd i drafferthion mawr oherwydd y tywydd.

Mae dros ugain o gymalau yn Rali Cymru GB ac mae'r trefnwyr yn amseru cyflymder pob gyrrwr. Amseriad cyfartalog pob cymal sy'n penderfynu'r enillydd.
Y cyd-yrrwr sy'n arwain y gyrrwr ac yn dweud wrtho pa mor gyflym i fynd a phryd i arafu.

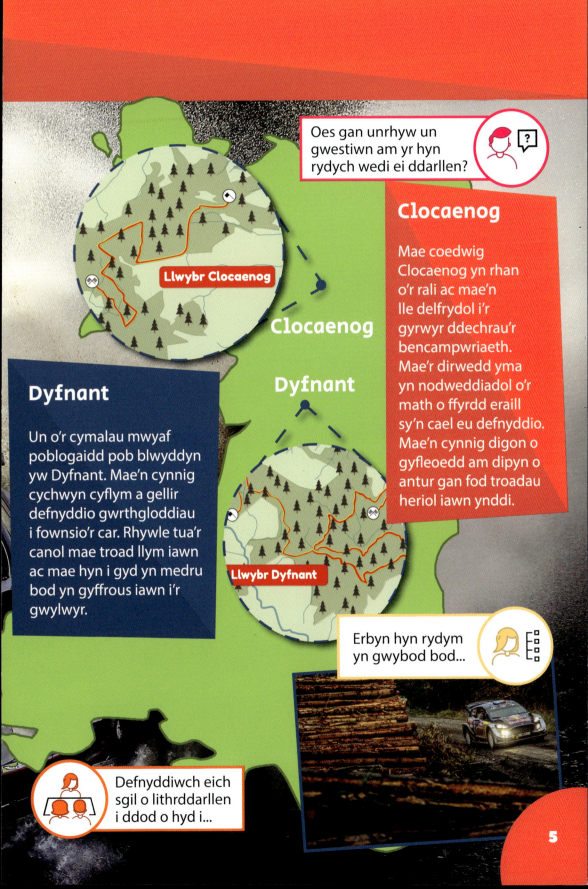

Oes gan unrhyw un gwestiwn am yr hyn rydych wedi ei ddarllen?

Clocaenog

Mae coedwig Clocaenog yn rhan o'r rali ac mae'n lle delfrydol i'r gyrwyr ddechrau'r bencampwriaeth. Mae'r dirwedd yma yn nodweddiadol o'r math o ffyrdd eraill sy'n cael eu defnyddio. Mae'n cynnig digon o gyfleoedd am dipyn o antur gan fod troadau heriol iawn ynddi.

Llwybr Clocaenog

Clocaenog

Dyfnant

Dyfnant

Un o'r cymalau mwyaf poblogaidd pob blwyddyn yw Dyfnant. Mae'n cynnig cychwyn cyflym a gellir defnyddio gwrthgloddiau i fownsio'r car. Rhywle tua'r canol mae troad llym iawn ac mae hyn i gyd yn medru bod yn gyffrous iawn i'r gwylwyr.

Llwybr Dyfnant

Erbyn hyn rydym yn gwybod bod...

Defnyddiwch eich sgil o lithrddarllen i ddod o hyd i...

Pencampwyr a'u Ceir

Wrth i mi edrych ar y cliwiau, rydw i'n meddwl bydd y testun yn sôn am...

Sébastien Ogier

Mae'r Ffrancwr Sébastien Ogier wedi ennill Pencampwriaeth Rali'r Byd sawl gwaith. Mae wedi ennill Rali Cymru GB bedair gwaith yn olynol. Mae'n aelod o dim ralïo Volkswagen Motorsport. Dechreuodd gystadlu yn y bencampwriaeth ym Mecsico yn 2008. Fe enillodd y gystadleuaeth ieuenctid (junior) y flwyddyn honno. Ei gyd-yrrwr yw Julien Ingrassi.
Mae Sébastien yn hoff iawn o dlws y rali hon ac mi fuasai'n hoffi ei chadw gan ei bod wedi ei hennill cymaint o weithiau.

Y Car

Oes yna eiriau dieithr i chi neu oes yna ran sy'n ddryslyd?

Car rali Sébastien Ogier yw Volkswagen Polo R WRC. Roedd y car hwn yn un llwyddiannus iawn gan ennill Pencampwriaeth y Gwneuthurwyr ar sawl achlysur.

Elfyn Evans

Oes gan unrhyw un gwestiwn am yr hyn rydych wedi ei ddarllen?

Cymro o ardal Dolgellau yw Elfyn Evans. Mae'n yrrwr rali rhyngwladol sy'n cystadlu ym Mhencampwriaeth Rali'r Byd. Mae wedi cystadlu gyda Thîm M-Sport yn Rali Cymru GB sawl gwaith ac wedi ei fagu tafliad carreg o lwybrau rhai o gymalau Rali Cymru. Roedd ei dad hefyd yn yrrwr rali llwyddiannus iawn. Yn 2017, Elfyn Evans oedd y Cymro cyntaf i ennill cystadleuaeth Rali Cymru GB.

Y Car

Car rali Elfyn Evans yw M-Sport Ford Fiesta R5. Dyma'r car a ddefnyddiodd yn ystod Pencampwriaeth Rali Cymru GB 2016. Mae gan M-Sport hanes hir iawn o gystadlu yn y bencampwriaeth.

Erbyn hyn rydym yn gwybod bod...

Defnyddiwch eich sgil o lithrddarllen i ddod o hyd i...

Cefnogwyr

Antur i'r Teulu

Wrth i mi edrych ar y cliwiau, rydw i'n meddwl bydd y testun yn sôn am...

Erbyn hyn mae'r rali wedi dod yn boblogaidd iawn gyda theuluoedd ar hyd a lled y DU a thu hwnt. Mae presenoldeb y cefnogwyr yn y rali yn gymorth mawr i fusnesau lleol. Mae llawer ohonynt yn aros yn yr ardal ac yn cefnogi'r gwestai a'r tai bwyta. Mae harddwch Cymru i'w weld hefyd wrth i'r cyfryngau ddangos y rali ar y teledu ac mae hyn yn denu twristiaid i'r ardal. Mae'r rali yn werth £10m i economi'r gogledd.

Peryglon Ralïo

Oherwydd natur y gamp mae damweiniau yn gallu digwydd. Mae'n bwysig iawn i'r cystadleuwyr a'r cefnogwyr barchu rheolau diogelwch ar bob achlysur.

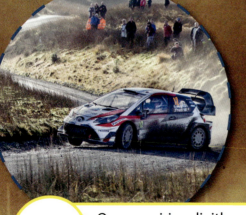

Oes yna eiriau dieithr i chi neu oes yna ran sy'n ddryslyd?

8

Gwisgwch yn *addas*

Oes gan unrhyw un gwestiwn am yr hyn rydych wedi ei ddarllen?

Mae Rali Cymru GB yn digwydd ar ddiwedd mis Hydref ac mae'r ceir yn aml yn mynd drwy goedwigoedd wedi iddi hi dywyllu. Rhaid felly wisgo yn addas ar gyfer tywydd oer a'r nos. Byddai'n ddoeth hefyd i wisgo esgidiau cryf a chario tortsh gan fod gwaith cerdded o'r meysydd parcio at y llwybrau.

Rheolau

Ni chaniateir i gefnogwyr ddefnyddio *drones* er mwyn recordio symudiadau'r ceir.
Rhaid darllen arwyddion a chadw at y llefydd pwrpasol i gefnogwyr.
Ni chaniateir i gefnogwyr gerdded ar lwybr y ceir ar unrhyw adeg.
Rhaid bod yn wyliadwrus gall ceir ralio wneud pethau annisgwyl.
Trefnwch eich bod yn cyrraedd tua ¾ awr cyn bod y car cyntaf yn cyrraedd.
Rhaid edrych ar ôl plant yn ofalus.
Ni chaniateir i gŵn fynychu'r rali oni bai eu bod yn gŵn cymorth i berson anabl.

Erbyn hyn rydym yn gwybod bod...

Defnyddiwch eich sgil o lithrddarllen i ddod o hyd i...

Arwyr Gweithgar

Wrth i mi edrych ar y cliwiau, rydw i'n meddwl bydd y testun yn sôn am...

Marsialiaid

Mae angen tua 1,800 o wirfoddolwyr i gyfrannu 4,500 diwrnod o waith i sicrhau llwyddiant y rali. Gelwir y gwirfoddolwyr hyn yn farsialiaid. Maent wedi eu hyfforddi'n dda ac mae parch iddynt fel rhai o farsialiaid gorau'r byd. Heb eu harbenigedd a'u caredigrwydd nhw ni fyddai'n bosib cynnal y rali.

Nid yw'r marsialiaid hyn yn cael eu talu am y gwaith maent yn ei wneud ond maent yn hapus iawn i fod yn rhan o Bencampwriaeth Rali'r Byd.

Mae'r gwirfoddolwyr hyn yn aelodau o glybiau moduro, ac i ddangos gwerthfawrogiad o gyfraniad y clybiau mae gwobr o £500 yn flynyddol i'r clwb sydd wedi cefnogi orau. Hefyd mae pob clwb sydd â 10 neu fwy o wirfoddolwyr yn cael dau docyn i rali'r flwyddyn ganlynol.

Oes yna eiriau dieithr i chi neu oes yna ran sy'n ddryslyd?

Defnyddiwch eich sgil o lithrddarllen i ddod o hyd i...

Oes gan unrhyw un gwestiwn am yr hyn rydych wedi ei ddarllen?

Nwyddau

Mae'r marsialiaid yn derbyn nwyddau â brand Rali Cymru, fel gwerthfawrogiad o'u cyfraniad i lwyddiant y rali. Maent yn cael beiro, bathodyn, tortsh, cap a ffon gof USB am eu cymorth.

Mae gwirfoddolwyr yn gweithio ym meysydd parcio'r rali hefyd. Mae trefnwyr Rali Cymru GB yn sicrhau fod achosion da o ddewis y gwirfoddolwyr hyn yn elwa'n ariannol o'r rali. Mae ysgolion lleol, clybiau ffermwyr ifanc, clybiau rygbi a phêl-droed ymysg rhai o'r achosion sydd wedi elwa'n ddiweddar o ganlyniad i'r rali.

Mae'r rali yn mynd o nerth i nerth ac mae twf ym mhoblogrwydd y rali yn golygu bod cymunedau yn mynd i elwa eto yn y dyfodol.

Erbyn hyn rydym yn gwybod bod...

Dweud dy Ddweud!

Beth wyt ti'n ei wybod am y canlynol?

Hanes Rali Cymru GB

Y Seremoni Agoriadol

Y Pentref Rali

Tirwedd y Rali

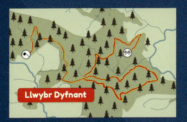

Cymal Dyfnant

Sébastian Ogier

Car Rali Elfyn Evans

Rheolau Cefnogwyr

Y Marsialiaid

Geirfa

arbenigedd
atgyweirio
canlynol
cyfartalog
cyfraith
cyfraniad
cyfryngau
cymal
delfrydol
economi
elwa
golygfa
graean
gwerthfawrogiad
gwirfoddolwyr

gwneuthurwr
gwrthgloddiau
gwyliadwrus
llym
mynychu
nerth
nwyddau
parchu
pencampwriaeth
pwrpasol
rhyngwladol
seremoni
terfynau
tirwedd
yn olynol

Hefyd yn y gyfres ...

Y Royal Charter

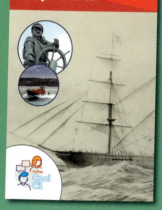

Gafaelwch yn dynn!

Roedd Hydref 26ain yn ddiwrnod a newidiodd pentref bach Moelfre am byth. Tybed a wyddoch chi am hanes y llong stêm a aeth i drafferthion mewn storm fawr oddi ar arfordir gogledd Ynys Môn? Beth oedd y cargo? Sut gafodd y trigolion lleol eu trin gan newyddiadurwyr Llundain? Beth oedd rhan Charles Dickens yn y stori? Cewch atebion i'r cwestiynau yma a mwy wrth ddarllen a thrafod y llyfr hwn.

A oes tegwch?

Roedd Eisteddfod y Glowyr 1957 yn ddigwyddiad cyffrous iawn yn hanes tref glan môr boblogaidd Porthcawl. Tybed a wyddoch chi am hanes canwr, actor ac athletwr enwog iawn o America oedd fod i ganu yno? Beth oedd cefndir y gŵr enwog hwn? A lwyddodd pobl Porthcawl i glywed llais rhyfeddol y canwr enwog? Cewch atebion i'r cwestiynau yma a mwy wrth ddarllen a thrafod y llyfr hwn.

Paul Robeson

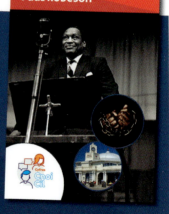

Bai ar Gam?

Na! Bai ar Gam?

Roedd haf 1831 yn gyfnod cythryblus iawn yn hanes tref Merthyr Tudful. Tybed a wyddoch chi am hanes y gwrthryfel? Pwy oedd yn gyfrifol amdano? A pha ŵr ifanc 23 oed gafodd fai ar gam? Cewch atebion i'r cwestiynau yma a mwy wrth ddarllen a thrafod y llyfr hwn.